MA DÉFENSE

DEVANT

LE CONSEIL D'ENQUÊTE,

F. D. DEMAY,

S.-lieutenant au 52e de ligne.

Avant 5o ans l'Europe sera Cosaque ou République.
(*Napoléon, Sainte-Hélène, 1819.*)

DIJON.

1834.

L'ordonnance réglementaire du 2 novembre 1833 porte :

Art. 296. *La manifestation publique de principes contraires à l'ordre et incompatibles avec les devoirs du service sera déférée au conseil d'enquête.*

299. *Le conseil d'enquête est composé du maréchal de camp commandant la brigade ou la subdivision, président, — du colonel, — du lieutenant-colonel, — des deux chefs de bataillon ou d'escadron, — Et des deux capitaines, les plus anciens du corps.*

308. *Le conseil propose à la majorité de cinq voix sur sept le retrait ou la suspension de l'emploi pendant un an au moins ou trois au plus.*

310. *L'officier suspendu de ses fonctions est mis en non activité et reçoit le traitement affecté à la réforme.*

Mes juges :

MM. le baron Broussier, maréchal de camp, commandant le département de la Côte-d'Or, président.

Le baron Marion, colonel.
Petit-Jean, lieutenant-colonel.
Masclary, chef de bataillon.
Multzer, major.
} au 20ᵉ régiment de ligne.

Guyet, capitaine de grenadiers.
Dubois, capitaine de voltigeurs.
} au 52ᵉ de ligne.

M. le baron Rottembourg, lieutenant-général, commandant la division.

Le 7 mars, à l'issue d'arrêts forcés, j'ai appris que je devais passer devant un conseil d'enquête. Le dimanche 9, à une heure après midi, je n'avais pas encore écrit un seul mot de ma défense; je n'en avais pas eu le tems. Le lendemain lundi à midi, j'étais devant mes juges. Voici cette défense, telle que je l'ai prononcée, mot pour mot.

MESSIEURS,

Ma première pensée, quand j'ai reçu la lettre d'assignation à laquelle je dois l'honneur de parler devant vous, avait été de rester chez moi et de laisser à la persécution le soin de parcourir seule sa carrière. Il me répugnait de venir une fois encore m'asseoir sur la sellette; — mais bientôt je réfléchis que si je m'obstinais à ne point paraître, M. le lieutenant-général commandant la division prendrait vraisemblablement contre moi des mesures d'arrestation qui, suivies de résistance, pouvaient entraîner des suites fâcheuses et même compromettre la tranquillité de la ville... et me voici!

Me voici exténué, souffrant, malade. — Ce n'est pas, messieurs, que mon énergie me fasse faute; mais j'ai du cœur, — je sens vivement, — et tant de secousses m'ont fait mal.

Jeté en prison et au secret, je passe là quinze jours; traduit devant un conseil de guerre, je suis déclaré coupable et condamné, il est vrai, à *vingt sous* d'amende. Qu'ai-je fait? — J'ai donné à un valet de plume, qui ne voulait pas me rendre raison d'une offense, la correction qui s'inflige à tout lâche; je l'ai souffleté et lui ai craché à la face, correction à laquelle il a répliqué par deux coups de pistolet qui, *heureusement*, (c'est son journal, le *Spectateur* qui parle), ne sont pas partis. — A ma sortie de prison, le 19, je crois devoir à ma famille, à mes amis, à moi-même, de dire pourquoi j'ai subi un jugement de conseil de guerre ; j'estime une explication publique, utile, indispensable ; j'écris au *Patriote de la Côte-d'Or* une lettre qu'il insère dans son numéro du 20 février.. Cette lettre me vaut 15 jours d'arrêts forcés avec sentinelle ! — Le 7 mars, à 11 heures, je reçois mon billet de levée de punition : à midi, j'apprends que le lendemain, à pareille heure, je voudrai bien comparaître devant un conseil d'enquête ! Le lendemain ! — J'ignore la cause qui a fait remettre la convocation du conseil à ce jour, lundi 10 mars, mais je suis fermement convaincu que l'intérêt de ma défense n'est entré pour rien dans les considérations qui ont déterminé cette remise. — Me voici.

Messieurs, la charte porte :

Art. 7. *Les français ont le droit de publier leurs opinions.*

Et 68. *L'état des officiers de terre et de mer sera garanti par des lois.*

Louis-Philippe a prêté serment à la charte.. et d'abord il a dit : « La charte sera désormais une vérité. »

C'est pourquoi, messieurs, une ordonnance réglementaire, du 2 novembre 1833, signée Louis-Philippe, institue *les conseils d'enquête pour manifestation publique de principes contraires à l'ordre et incompatibles avec les devoirs du service*, conseils qui PROPOSENT *la suspension ou le retrait d'emploi*, dont le ministre ou une volonté immuable a déjà DISPOSÉ.

C'est donc au mépris de la charte, messieurs, que vous avez été appelés à vous former en conseil d'enquête. — Je ne vous reconnais pas le droit de proposer la moindre atteinte à mes fonctions. — Je ne reconnais à personne le droit de disposer de mon emploi.

Loin de moi, messieurs, la pensée de vous rien

dire d'offensant! je ne vous attaque pas, vous; ce serait sottise à moi. M. le lieutenant-général a *provoqué*; le ministre *a ordonné;* vous avez obéi. *Proposez*, messieurs.

Mais, je le demanderai, pourquoi tant de cérémonies, pourquoi cette correspondance de tous les jours de Dijon à Paris et de Paris à Dijon, pourquoi la convocation d'un conseil, pourquoi toutes ces allées et venues, pourquoi tant de frais? On nous fait perdre à tous, messieurs, un temps précieux.. du moins pour moi. — Que n'a-t-on procédé à mon égard comme on a procédé vis-à-vis de mille autres, et notamment des neuf lieutenans de pontonniers à Strasbourg? un mot : « par ordonnance ROYALE votre emploi vous a été retiré, » et tout était dit. Mais non : il m'a fallu subir la prison, le conseil de guerre, les arrêts forcés, six semaines de captivité (et c'est une dure captivité que celle qui ne vous permet pas de respirer l'air que tout le monde respire), et enfin le conseil d'enquête.... ! Cette position n'est pas tenable, messieurs; un terme aux tortures morales qu'on me fait endurer! un terme, fût-ce la mort, la mort par un feu de peloton ou sur l'échafaud! — J'en suis presque à regretter qu'on ne se soit pas débarrassé de moi comme on se débarrasse à Paris, de tous ceux qui, comme moi, n'ont pas le privilége d'être de l'avis de l'autorité. Que le château ne détachait-il un de ses assommeurs (*légère interruption provoquée par le lieutenant-colonel*), (1) que le château, dis-je, ne détachait-il un de ses assommeurs, institution nouvelle, messieurs, à laquelle n'avaient jamais pensé les Bourbons aînés, et dont jouit depuis trois ans la

______

(1) Je ne rapporte cet incident que dans l'intérêt d'avancement de M. Petit-Jean. Ma défense a d'ailleurs été écoutée dans le plus profond silence et non sans attention, si je ne me suis trompé.

capitale du monde civilisé; institution qui, avec le fort St-Michel, remplace si bien la *faiblesse* du jury et la guillotine? un de ses assommeurs, et il n'était plus question de moi.

J'ai du fiel dans l'âme, messieurs, et je ne puis pas ne pas le laisser voir. — je ne puis pas ne pas le dire. — Les persécutions dirigées contre moi ne datent pas de six semaines.... elles datent de mon entrée au service. Voilà trois ans que je porte, — non une livrée, — Mais l'uniforme, et depuis trois ans, je suis traqué comme une bête fauve.

Et d'abord, messieurs, sachez bien qui chasse en première ligne cette bête aux dehors si farouches qui se trouve devant vous. Je veux que, statuant sur mon sort, vous le fassiez *en parfaite connaissance de cause.*

Messieurs, — J'ai eu sous mes yeux, trois ou quatre mois après la révolution de Juillet, une note me concernant, émanée de la police du palais royal; cette note était ainsi conçue : « *Homme énergique, dangereux, à ne pas nommer ou à jeter sur les côtes d'Afrique.* »

Au mois de mai de l'an dernier, le duc d'Orléans, prince royal, présomptif héritier de la couronne, a dit à mon colonel, M. Carel (2), après un assez long entretien à mon sujet: « *je vous le recommande, colonel!* » — C'est (passez-moi cette digression) un tout jeune homme que le duc d'Orléans. Comme fils du roi, comme homme qui, si le peuple le permet, nous gouvernera quelque jour par le *droit de sa naissance*, je le respecte; mais je l'avoue, j'ai assez peu d'estime pour celui qui, naguère, à Londres, refusa de se battre avec un Bonaparte, parce

---

(2) Il n'y a rien de commun entre le colonel du 52ᵉ et le rédacteur en chef du *National*, je le sais et je m'empresse de le déclarer. M. Armand Carrel m'en saura gré.

que dans les veines de ce Bonaparte ne coulait pas un sang de Bourbon, un sang de roi ; parce que ce Bonaparte était d'une famille de *parvenus*, de la famille du *premier consul*, de ce consul sous lequel, messieurs, vous avez gagné vos premiers éperons, et sous lequel encore et surtout, l'europe des rois était aux genoux du peuple français ! heureux tems, messieurs, qui fut le vôtre et dont vous ne sauriez sans injustice, sans contradiction, nous blâmer, nous autres jeunes gens, de souhaiter le retour !

Vous le voyez, messieurs, la Cour me connaît et je suis pour elle un objet de vindicte ! — *Vous prononcerez en connaissance de cause...*

Jusqu'au mois de juin 1832, je n'ai point eu à me plaindre de mes chefs ; on m'a laissé tranquille. Il est vrai que j'étais alors confiné dans un village des environs de Verdun (Meuse). — Arrivent les 5 et 6. — Je reçois la nouvelle des événemens le 7 à huit heures moins un quart du soir ; à huit heures, j'étais sur la route de Paris. La voiture s'arrête à Verdun, et là, j'apprends que l'insurrection était étouffée : Je reviens ; mon absence fut connue ; j'ai subi les arrêts, rien de plus ; car les motifs de mon départ, s'ils étaient soupçonnés, n'étaient connus que de moi.

Se présente, quatre mois après, la campagne de Belgique. — On m'arrache des bataillons actifs et on me relègue dans le bataillon de réserve. Je ne ferai pas le siège d'Anvers..! Je n'irai pas au feu...! — Je réclame. M. le colonel Trappier, commandant alors le régiment, n'est pas coupable de cette infamie. — Je vois le maréchal de camp, même réponse ; il y a eu des ordres supérieurs. — J'écris à M. le général de division Jamin, (dont les électeurs de Montmédy ont, depuis, cru devoir faire un député) pas de réponse. — J'écris au général Préval au ministère, j'écris au ministre ; pas de réponse. Enfin, je me détermine à aller à Verdun, lieu de ma nouvelle destination. — Je n'avais pas seulement quitté mon cantonnement pour voler au Cloître Saint-Méry, mais encore j'avais, huit jours après, repoussé une adresse de dévoûment au Roi! Pouvais-je signer, messieurs, une adresse de dévoûment à un Roi qui, pendant que ses gardes mitraillaient mes amis politiques, avait parcouru triomphalement les boulevards et les rues de Paris, et ainsi, présidé à leur massacre? Le pouvais-je? je me serais déshonoré, et je n'ai que l'honneur pour fortune!

Plus tard, au mois de juillet 1833, on forme le camp de Rocroy. — Replacé dans les bataillons actifs, j'arrive au camp à dix heures du matin; à dix heures cinq minutes je suis renvoyé par M. le général et député Jamin comme « *un homme qu'on ne saurait tenir assez éloigné.* »

Au mois d'août vient l'inspection générale; je passe une heure dans le salon de M. l'inspecteur. On m'interroge; homme consciencieux, honnête homme, ne sachant ce que c'est que mentir, dissimuler, je réponds. Je suis retiré de la 5ᵉ du 4ᵉ et mis au dépôt!

Je ne vous parle pas de mes arrêts. J'ai fait, je crois, cent cinquante jours de punition en trois ans de service! Oui, cent cinquante jours.... Mais pas un seul pour faute dans mon service, pas un! puni pour avoir, maintes et maintes fois, pris la défense du soldat; — puni pour avoir demandé satisfaction à un officier d'un grade supérieur au mien, qui m'avait insulté, moi absent; — puni pour réclamations; — puni pour m'être habillé en bourgeois; — puni à propos de sous-pieds.... — Je rougis de rappeler toutes ces persécutions à coups d'épingle.

Je laisse aussi de côté la surveillance active, constante, continue dont j'ai été l'objet depuis que je sers, et de la part de la police civile, et de la part de la police militaire ; car, comme il y a police civile, il y a police militaire ; tout doit être police dans un gouvernement qui a tourné le dos aux intérêts, à la gloire et à la dignité de la France, dans un gouvernement dont le chef s'est lui-même surnommé *l'homme de la paix à tout prix*, mot discordant pour une oreille française, et surtout pour une oreille militaire ; tout doit être police là où règne et gouverne *le préfet de police de la sainte-alliance...!* — Je ne dis pas que le jour où, il y a quatre mois, j'arrivais chez mon père, arrivait en même tems au maire de ma commune l'ordre de me surveiller et de me faire surveiller par la GENDARMERIE ! je tais bien des indignités...

Je serai renvoyé, messieurs...... je sens moi-même que je ne puis pas rester plus long-temps dans les rangs de l'armée telle qu'on veut la former ; mais avant de me retirer, j'aurai dit qui je suis. Je l'aurai dit franchement, sans peur, car la peur est un sentiment que je ne connais pas.

Ma famille habite une petite ville du département de l'Oise, Mérû. Elle a le nécessaire, rien de plus. Mon père est un ancien cultivateur. Je faisais mon droit à Paris et me destinais au notariat, quand éclata la révolution de 1830, révolution qu'avaient prédite tous les hommes qui avaient des yeux pour voir. Je me jettai à corps perdu dans cette *insurrection du peuple contre la royauté*. — Je combattais contre un principe. — Le 29 juillet, ce principe n'était plus ! — il venait d'être enseveli sous nos saintes barricades. — Le 30, il était ressuscité en la personne des d'Orléans.... — Je devais me tenir à l'écart... mais la politique était devenue un besoin de ma vie. Mon état n'était point encore créé ; il me fallait le créer, et créé, il me fallait y être tout entier. Militaire, — mon pain était trouvé, — je m'épargnais la peine de le chercher, et je me livrais à mes études de prédilection. On me proposa une sous-lieutenance; je l'acceptai. C'est ainsi que j'entrai au service.

Quant à ma vie, — messieurs, — elle est pure et sans tache. Jamais, messieurs, une pensée n'est entrée chez moi, qui n'ait été de bien public, qui n'ait été généreuse, noble, toujours consciencieuse et digne. — pas un jour, peut-être, de ma vie, ne s'est écoulé sans que j'aie été utile à quelqu'un ou cherché à l'être. — Ma vie est toute probe, toute morale. — C'est une vie toute d'humanité, toute d'honneur que ma vie. Qu'on fouille mon passé, et si on en retire un seul fait dont je n'aie pas lieu d'être fier, qu'on me dise : « *Vous avez menti, monsieur,* » je me tairai.

Messieurs, JE SUIS RÉPUBLICAIN ! Je ne le suis pas d'hier ; — je ne le suis pas depuis 1830 ; — je le suis depuis le jour où mon vieux grand père, au coin de son feu, m'entretint pour la première fois, moi enfant encore, des horreurs de l'ancien régime ; — je le suis depuis le jour où m'est venue ma première pensée.

Je vous le demanderai à vous-mêmes, — messieurs du conseil d'enquête, — que diriez-vous d'*une société d'actionnaires qui laisseraient prendre ou qui confieraient à l'un d'eux*, POUR LUI ET SES ENFANS A PERPÉTUITÉ, *la direction des affaires communes?* — assurément, vous diriez que cette société est une société d'imbécilles.

Ou encore, que diriez-vous d'*un chef de maison* qui lui-même dirait à un homme : « *Je vous nomme mon intendant* A VIE, ET MÊME A PERPÉTUITÉ, *c'est-à-dire, qu'après vous, vos enfans auront la régie, la gestion de mes domaines?* » — Assurément. messieurs, vous diriez que ce chef de maison est fou.

Que diriez-vous si, ajoutant à ces premiers actes de stupidité et de démence, la société d'actionnaires et le chef de maison *proclamaient* ou *reconnaissaient*

INFAILLIBLE et **INVIOLABLE** leur étrange mandataire? — messieurs, l'expression, alors, vous manquerait pour rendre votre sentiment.

Que diriez-vous enfin, si la société d'actionnaires et le chef de maison, rendus à la raison, *voulaient chasser leur régisseur intrus ?* — probablement, vous diriez que la société et le chef de maison font bien.

Eh bien! messieurs, (tout, sans doute, dans ma comparaison n'est pas flatteur pour nous autres gouvernés, mais peu importe) eh bien! dis-je, cette société d'actionnaires, ce chef de maison, c'est le peuple français! le mandataire, le régisseur... c'est Louis-Philippe!

Dans ce thème, messieurs, est toute la république.

Ce que je veux, moi républicain, ce que veulent avec moi tous les républicains, la seule chose que nous voulions TOUS, c'est un pouvoir *électif, temporaire* et *responsable* au lieu d'un pouvoir *héréditaire* et *inviolable*; c'est le *gouvernement de tous par tous,* à la place du *gouvernement de tous par un seul* ou *par quelques-uns.* — Pour moi, messieurs, la souveraineté nationale, l'égalité politique entre les hommes ne sont pas de vains mots. Ce sont des principes inaliénables, imprescriptibles, sacrés. — Nous vivons dans un temps d'usurpation et de violence... Messieurs. Ces temps là n'ont jamais duré. — Vous le savez, pour avoir confisqué la révolution, Napoléon lui-même est mort.... mort à Sainte-Hélène.

Je ne défendrai pas la République contre ses détracteurs; je ne m'abaisse jamais, — et je le ferais, si je relevais les diatribes d'égoût que l'autorité répand chaque jour contre cette forme de gouvernement, LA SEULE QU'AVOUE LA DIGNITÉ DE L'HOMME. Que le pouvoir continue à nous traiter de *factieux*, *d'anarchistes*, *d'ambitieux* ; qu'il continue à parler de 93, d'échafauds, de pillage, de loi agraire, au risque de se faire dire en la personne de ses agens : TU EN AS MENTI MISÉRABLE. » Qu'il continue... car il lui faut, ou persister dans ces banales, niaises, méprisables et ridicules accusations, ou se taire. Je ne m'abaisse jamais... — Je laisse donc de côté toutes ces saletés.

Républicain, et je suis fier de l'être, — JE ME MÉPRISERAIS SI JE NE L'ÉTAIS PAS, — Républicain, dis-je, je ne suis pas, tout à fait, l'ami de la monarchie héréditaire de Louis-Philippe... — Mais il n'y a pas en moi qu'un Républicain, je veux dire, un partisan d'une forme déterminée de gouvernement, il y a aussi un français en moi, un ami de l'humanité, et à ces deux titres, je ne suis pas, je le dis hautement, l'ami de Louis-Philippe comme chef d'Etat.

Patience... messieurs, et veuillez m'écouter jusjusqu'au bout. J'accepte toute la responsabilité de mes paroles, quelque grave que puisse être cette responsabilité. J'ai toujours dit ma pensée, toute ma pensée, je veux toujours la dire. Quand j'ouvre la bouche, j'ouvre mon cœur. — Au reste, messieurs, rassurez-vous, je serai modéré; je l'ai promis à mes amis, à moi-même, et c'est surtout pour être fidèle à cet engagement que j'ai écrit ma défense. Je serai aussi modéré qu'on peut l'être dans le récit d'infâmies sans exemple dans les annales du monde.

Je vous le déclare, messieurs, personne de nous, personne des combattans de Juillet ne demandait un roi; personne surtout ne demandait le duc d'Orléans; personne n'y pensait. La bataille gagnée, le duc se présente. J'étais là, je l'ai vu, je sais comment les choses se sont passées. — Il n'y eut qu'un cri sur son passage, du palais royal à l'Hôtel-de-Ville : « *Plus de rois, plus de bourbons!* » — *Ce n'est pas un bourbon*, est-on venu dire au peuple, *c'est un Valois; ce n'est pas un roi; c'est un soldat de* 92. Luimême, il parle. (il est sur le balcon de l'Hôtel-de-

Ville). « *C'est un patriote de 89; — il a combattu à Valmy et à Jemmapes; — il saura défendre le drapeau tricolore; — il est partisan de la constitution des Etats-unis — il a été, il est resté républicain. —* Lafayette lui donne l'accolade et le pacte est signé. La révolution. — La révolution à laquelle j'ai pris part est escamotée...!

Escamotée, car à peine au pouvoir, et à travers les poignées de main, les chants républicains, les verres de coco bus au coin de la rue, etc., etc., le duc d'Orléans fait déposer dans les archives du Luxembourg et l'abdication de Charles X et celle du duc d'Angoulême et, en même tems, livre à la publicité sa protestation de 1820 contre la légitimité du duc de Bordeaux... — Après le duc de Bordeaux, messieurs, l'héritier de la couronne, c'est le duc d'Orléans! — Escamotée, vous dis-je.

Vous n'êtes pas convaincus...? Voici des faits.

Le 19 août, dix jours après son avénement au trône, le *républicain du 30 juillet* écrit à l'empereur de Russie une lettre à jamais célèbre..... il nomme l'empereur son BON FRÈRE, et notre révolution il l'appelle une CATASTROPHE !

C'est dans cette lettre à Nicolas que se lit l'engagement de respecter les traités de 1815, ces traités qui, en nous enlevant Chimay, Philippe-ville, Mariembourg, le Luxembourg, Sarre-Louis, Landau et la Savoie, ont mis la France à la merci de l'Europe des rois! ces traités dictés à la France sur les cadavres de vos compagnons d'armes... Louis-Philippe les reconnait! Waterloo pesera toujours sur nous...! il faut que chaque année l'anniversaire de ce grand désastre pour les peuples continue d'être célébré dans toutes les capitales de l'Europe! il les respectera, ces traités, et pour garant de sa foi donnée à l'étranger, Talleyrand est envoyé à Londres! Talleyrand....!

Les ministres de Charles X sont arrachés à la vindicte publique. — Presque tous ses ambassadeurs,
magistrats et fonctionnaires sont maintenus. — Les
fidèles pleurent publiquement dans les églises le 21
janvier *auquel avait applaudi le jeune égalité.* — On
fait même ce que sous les Bourbons de la branche
aînée on n'avait jamais fait; à St-Germain-l'Auxerrois on célèbre un service funèbre le jour anniversaire de la mort du duc de Berry. — Depuis quelque
temps déjà, les hommes de juillet avaient eu à
prendre congé de Louis-Philippe; une partie était
dans les prisons et le *trop plein* sous le ciel d'Afrique.
— Lafayette, Dupont de l'Eure sont chassés. — Audry de Puyraveau est poursuivi. — Bientôt Laffitte lui-même, ruiné, est renvoyé, et on le fait
surnommer à la chambre des *improstitués* JACQUES
FAILLITE! — Les officiers des cent jours sont repoussés. — On dit des chouans : « ils ont des droits
acquis. » La veuve de Ney, du brave des braves,
demande la révision du procès du grand homme de
guerre, et on lui répond : « les juges de nos cousins
ont bien jugé ; le procès ne sera pas révisé. » On
tolère, on va peut-être jusqu'à provoquer les brigandages de la *chouannerie,* (car il n'y a plus de
Vendée.) — Lamarque est renvoyé pour avoir rétabli
l'ordre dans cette province ; — et comme si on craignait que tous ces actes ne fussent pas assez bien
compris, on reconnaît officiellement à Raguse et à
Bourmont leur qualité de maréchaux de France !!!

Rien n'est changé; — c'est Philippe à la place de
Charles!

Une révolution éclate en *Belgique ;* des Français
s'y rendent. Ils se sont battus à Paris, ils vont se
battre à Bruxelles; Louis-Philippe les fait arrêter,
et jeter dans les cachots les récalcitrans! Cependant, comme à Paris, le peuple à Bruxelles est
vainqueur; il chasse aussi ses rois, il est maître!

Quel sera son gouvernement ? La république ? non. Louis-Philippe n'en veut pas. — La Belgique se réunira à la France ? pas davantage. — Elle nommera le fils du prince Eugène ? non. Louis-Philippe ne veut pas pour voisin un membre de la famille de Bonaparte, car alors *Bruxelles serait le foyer de toutes les conspirations napoléoniennes !* (c'est Sebastiani qui parle.) — Elle nommera un de ses fils, le duc de Nemours ? non encore ; car Louis-Philippe n'a pas d'ambition ; c'est un bon bourgeois qui ne veut que la paix. — Elle nommera Othon de Bavière, bambin de 14 ans ? soit. — Mais si elle nommait un préfet anglais, Léopold ? oh ! alors, bravo ! et la Belgique, que la France et l'Angleterre se disputent depuis 150 ans, la Belgique, notre rempart du Nord, est livrée à l'Angleterre !

La *Suisse* fait aussi sa révolution ; comme la révolution belge, la révolution suisse est étouffée. — La Suisse est notre rempart de l'Est, la Suisse ne devait pas s'affranchir de l'influence autrichienne.

La *Péninsule* aussi est en mal de révolution. La France avait une dette immense à acquitter envers l'Espagne. Elle avait à réparer le mal que lui avait fait la guerre sacrilége de 1823.. Rien. Les chefs révolutionnaires sont arrêtés au pied des Pyrènées, au moment où ils allaient franchir la frontière, désarmés et faits prisonniers !

La *Pologne*, à son tour, se soulève, et d'un bout à l'autre de cette terre de braves, on crie : « *Guerre à la Russie ! Indépendance et liberté !* » La Pologne combat, triomphe, puis succombe sous le nombre. — La Pologne était l'avant-garde de l'armée russe contre la France ; la Pologne s'est fait l'avant-garde de l'armée française contre la Russie ! — La Pologne est morte. — Que la France n'en soit pas punie… ! — Un ambassadeur français chargé de reconnaître la nation polonaise comme nation indépendante, et la Pologne était sauvée ! mais la *Pologne était destinée à périr....* — Vous connaissez aussi, messieurs, cet autre mot également prononcé au palais-Bourbon : « *les Russes sont vainqueurs, l'ordre régne maintenant à Varsovie.* » — Une partie des débris de la Pologne est au milieu de nous, vous savez comment.

L'*Italie*, la belle Italie, veut aussi briser ses chaînes. Des chefs de l'insurrection arrivent à Paris. Louis-Philippe s'opposera à l'*intervention...* l'Italie s'insurge, l'Autriche intervient, — et Louis-Philippe dit à l'Autriche : « *passe.* » L'Italie meurt. — Le jour où on pendait Menotti et Borelli, M. le comte de St-Aulaire, l'ambassadeur du roi *très-chrétien, du fils aîné de l'église,* donnait bal..!! Aujourd'hui, des soldats français, la cocarde tricolore au schako, montent la garde au pied des potences du pape ! L'ordre public en Italie, se maintient par les baïonnettes autrichiennes et françaises réunies..!!

Après l'Italie, l'*Allemagne.* Brunswick, Hesse-Cassel, le Hanovre, la Saxe, toutes ces provinces s'agitent, se soulèvent, mais bientôt, isolées, abandonnées de la France, retombent sous le joug — plus pesant que jamais !

Les *Provinces rhénanes* ne demandaient qu'une chose, redevenir françaises ; elles sont restées prussiennes !

Si, après un pareil tableau, il m'est permis de vous remettre sous les yeux SA vie d'intérieur, que voyons-nous ? des procès politiques par milliers ; — les cours d'assises ne jugeant que des délits d'opinion ! — Les jurés refusent le sang qu'on leur demande, les sergens de ville le donneront, et nous avons eu les émeutes...! Alors, et au nom de l'ordre public, on empoignait en grand, on assassinait dans les rues ! horreur..! — On fait massacrer le peuple plantant l'arbre de la liberté avec le drapeau tricolore ! — ce drapeau est insulté, traîné dans les égoûts, à Pétersbourg, à Lisbonne, à Madrid!! à Paris, on allait donner l'ordre de le marquer de fleurs de lys, quand le peuple, brisant comme verre et Saint-Germain-l'Auxerrois et l'archevêché, il fallut enlever de ses propres balcons ces mêmes fleurs de lys.!!

A la vue de tant d'attentats, une *association nationale* s'organise. Chaque membre s'engage à repousser et l'étranger et les *Bourbons aînés*, si jamais ils tentent de remettre le pied en France. Les *Bourbons cadet*s poursuivent, proscrivent cette association; et M. le procureur Dupin, *l'intime du château*, du haut de la tribune, menace des TROIS SOMMATIONS LÉGALES les membres de cette association, après quoi..... —Lafayette était à leur tête! — Comme à moi, messieurs, tout cela sans doute vous fait mal au cœur, et cependant, ce n'est pas tout. — Oh! que non! des assommeurs ont été embrigadés....!! au 1er anniversaire de juillet, on a crié dans les rues de Paris, sous la protection des baïonnettes, et en présence de Louis-Philippe : « *Les décorés de Juillet à la lanterne..!!* »

Et pourtant la contre-révolution, au gré de Louis-Philippe, ne marchait pas assez vîte, il fallait en finir d'un seul coup.

Lamarque, — Le général Lamarque meurt; cent mille citoyens assistent à ses funérailles; la police y est aussi; elle provoque... Un régiment de dragons charge le peuple, on crie *aux armes..!* — et bientôt le sang coule.... — Le 6 juin, soixante douze républicains luttaient contre une armée! courage sans pareil, dévoûment unique dans les fastes de l'histoire!

Le 7, tout était rentré dans l'ordre; et c'est le 7 que la Charte déjà mutilée, la charte en lambeaux après deux ans de règne, est, sans façon, *mise hors la loi!* L'école polytechnique est licenciée; Paris est déclaré en état de siège, les conseils de guerre sont en permanence; on exhume une ordonnance de Louis XIV, rendue, si je ne me trompe, à propos des dragonnades, à propos de ces boucheries humaines où les soldats du *grand roi* assassinaient, écartelaient les femmes anti-catholiques (qu'ils avaient au préalable violées) en leur bourrant la matrice de poudre à laquelle ils mettaient le feu ! — On exhume cette ordonnance!! — LES MÉDECINS DÉNONCERONT LES BLESSÉS ET LES MOURANS CONFIÉS A LEURS SOINS! Ils ne mourront pas sur leur lit de douleur, ces terribles vaincus de la veille... il faut qu'ils meurent DE PAR LA JUSTICE DU ROI....! La terreur est à l'ordre du jour! mais bientôt le courage manque, — et on tombe à plat devant un arrêt de cour de cassation !

Depuis, on a marché..... On a fait à la presse, pendant SES trois ans de règne, plus de procès que ne lui en avaient fait le gouvernement révolutionnaire, l'empire et la restauration réunis. Les écrivains condamnés, on les a confondus avec les banqueroutiers, les assassins et les escrocs. — On a érigé la corruption en principe. — On a ruiné la France par des budjets qui ont surpassé d'un tiers, et au-delà, tous les chiffres connus, par une liste civile plus que suffisante pour nourrir cinquante mille familles, par ses marchés, par ses dilapidations et les FONDS SECRETS... par l'accroissement inouï de la dette publique. — (à bientôt la banqueroute!) on a livré nos trésors entre les mains d'un petit roitelet Othon, l'ami, d'ailleurs, de l'Autrichien, du Russe et de l'Anglais. — On a jeté en Italie, je le répète, des bataillons qui n'ont d'autre mission que de servir d'auxiliaire aux sbires du pape. — On a, en Belgique, sacrifié l'or et le sang de la France en pure perte... (vous le savez, messieurs, *pour la Pologne, pour les peuples insurgés, l'or et le sang de la France n'appartenaient qu'à la France*) — on a parlé d'abandonner Alger aux Anglais...! (un ministre de ce pays a révélé en plein parlement que Louis-Philippe avait pris des engagemens personnels au sujet de

eette possession....!!) — Préfet de police de la sainte-
alliance, on s'est fait son pourvoyeur de victimes !
c'est ainsi que le cabinet des Tuileries dénonçait et
que le cabinet de Turin ordonnait ses fusillades!! —
Le Piémont est un des boulevards de la France... —
qu'on demande à la pensée immuable comment elle
a reçu la proposition d'alliance que lui a faite son
confrère en carbonarisme, Charles-Albert....!

Enfin, Louis-Philippe régnant, les Russes sont
entrés à Constantinople et l'empereur d'Autriche
s'est fait le protecteur de la confédération italienne!!

Objet d'estime et d'amour...., Louis-Philippe
avait à se prémunir contre une attaque. Les casernes
et les corps-de-garde à Paris ont été multipliés, en-
tourés de grilles, de crénaux, de meurtrières...! —
Cinquante mille hommes de troupes occupent Paris
et les environs ! — il a été question d'entourer la capitale de 16 bastilles!!

Louis-Philippe est bien coupable, Messieurs.... —
mais il était BOURBON, il était ROI... Et il faut le
reconnaître, CE QU'IL A FAIT, IL A DU LE FAIRE ;
IL A OBÉI A SON INSTITUTION.

Voyez, Messieurs,

Si, en France, on réclame des têtes ; si on dé-
porte ; — si on ensevelit les hommes tout vivans
comme au fort St-Michel ; — si on embrigade des
assommeurs ; — si on fait massacrer, assassiner les
citoyens au milieu des rues ; — si on fait égorger
sur le pont d'Arcole et jeter à la Seine des républicains chantant la Marseillaise au 2me anniversaire
de juillet ; — si on dit ensuite : « *la République a
pâli!!* » pendant que le *Figaro* dit : « *la République
a fait le plongeon....!!!* » — voyez!

Nicolas, en Pologne, torture, immole tout un
peuple.

Charles-Albert, à Turin, à Gênes, à Chambery
préside aux fusillades de *ses* sujets.

Ferdinand, en Espagne, peu de tems avant de mourir répond à la femme qui vient lui demander la grâce de son mari : « *Oui, je lui fais grâce... d'être écartelé après qu'on l'aura étranglé.* »

Miguel, le *roi-modèle*, dresse ses listes de proscription au milieu d'orgies.

Le Pape ordonne les massacres de Cesènes et de Forli.

L'empereur d'Autriche et le *roi de Prusse* font la police en Allemagne à coups de baïonnettes et de canons.

UN ROI NE PEUT ÊTRE BON, a dit Caton, il y a deux mille ans.

Maintenant, — messieurs, — le pouvoir peut me chasser.

Nota. Le conseil d'enquête, à la majorité de cinq voix sur sept, a été d'avis que je fusse suspendu de mon emploi pendant trois ans.

EXTRAIT

DU JOURNAL *le PATRIOTE de la COTE-D'OR,*

NUMÉROS DES 11, 15, 18 ET 20 MARS 1834.

11 mars 1834.

L'armée passe à l'opposition. Aussi chaque jour la crainte et la fureur du pouvoir se traduisent-elles par l'excès de sévérité des subordonnés du maréchal Soult. Ici, M. le lieutenant Demay vient d'être suspendu de ses fonctions pendant TROIS ANS, par un conseil d'enquête. Quel est le crime de cet officier? C'est de professer les opinions pures et élevées qui, en Juillet, mirent les armes aux mains du peuple. Décoré de Juillet, M. Demay a pris part aux sublimes combats des grands jours; et M. Demay, plein des nobles souvenirs de cette époque, trouve que le peuple a été indignement trompé et que l'on a escamoté les conséquences de la révolution. Les injustices, les cruautés qui souillent et ensanglantent le pouvoir ont ému son ame ardente et généreuse, et il n'a point caché son indignation.

M. Demay a été frappé dans sa position acquise au prix de son dévoûment à la patrie; nous aimons à croire que le cœur de quelques-uns de ses juges saignait à cette condamnation. Quand on connaît M. Demay, il est impossible de ne pas ressentir pour lui l'estime la plus vive et la plus profonde.

La condamnation de M. Demay a été ici l'occasion d'une manifestation RÉPUBLICAINE vraiment imposante. Plus de 600 citoyens l'ont reconduit chez lui, après lui avoir exprimé leur sympathie. Pas un cri n'a été proféré, le calme et le recueillement seuls protestaient contre l'incroyable rigueur du conseil d'enquête. C'est ainsi qu'un parti se montre fort et puissant.

Ces honorables témoignages d'estime et d'affection contribueront à dédommager M. Demay de la perte de sa position, jusqu'au grand jour de la justice populaire. « Tiens, disait un soldat en voyant passer le cortége répnblicain, on nous dit toujours qu'ils ne sont qu'une poignée! »

Nous avons entretenu nos lecteurs des témoignages éclatans de sympathie qu'avait recueillis M. le lieutenant Demay lors de sa condamnation. Depuis sa suspension, M. Demay a reçu la visite d'un grand nombre de militaires de la garnison, soldats, caporaux, sous-officiers, qui sont venus lui témoigner leur indignation.

Parmi tous ces braves, il en est un, le caporal Cognié, du 52me, qui, au moment où le cortége républicain allait se séparer du jeune officier frappé avec tant de sévérité, ne put maîtriser son émotion, et se jeta dans les bras de M. Demay. Eh bien! le croira-t-on, ce jeune caporal, enrôlé volontaire de 1830, d'une conduite toujours exemplaire, vient d'être cassé de son grade! Où allons-nous, grand Dieu! sommes-nous sous le régime de Varsovie? et la révolution de 1830 a-t-elle eu lieu? Vienne la loi sur les associations et l'on ne pourra plus sans danger serrer la main d'un ami. Tout ce qui se passe en France maintenant présente les symptômes d'un pouvoir heureusement à l'agonie.

Le 20me qui a quitté notre ville ce matin, a été reconduit par un grand nombre de citoyens qui faisaient entendre les cris de *vive le* 20me!

Le 20me, dont la conduite ici a toujours été exemplaire, méritait bien ces témoignagnes de sympathie et d'estime. Le *Départ* et la *Marseillaise* ont été chantés en chœur.

Les témoignages d'estime et de sympathie n'ont point manqué non plus au 52me de ligne qui vient de quitter Dijon. Plus de 500 citoyens l'ont accompagné hors de la ville, musique en tête. Un transparent (il était 4 heures du matin)', un transparent avait été fixé sur la route aux branches d'un arbre ; il portait ces mots : AUX SOLDATS DU 20ᵐᵉ ET DU 52ᵐᵉ, LES CITOYENS DE DIJON.

Le cortége républicain faisait entendre par intervalle nos airs nationaux, et tous les cœurs étaient émus aux souvenirs de gloire et de liberté qu'ils rappelaient. Le plus grand ordre a régné pendant cette manifestation patriotique, qui laissera de profonds souvenirs dans l'âme des militaires qui en étaient l'objet. Quand le grand jour de la justice populaire arrivéra, notre armée toute citoyenne ne séparera pas sa cause de celle du peuple dont elle sort, ELLE SE RAPPELLERA QU'ELLE A REÇU DES ARMES POUR S'EN SERVIR CONTRE LES ENNEMIS DE LA PATRIE, ET NON PAS CONTRE DES FRANÇAIS.

Au milieu de tous ces événemens graves, mais toujours calmes et pacifiques, dont Dijon a été le théâtre, on se sent indigné de tous les actes de sévérité inouie qui viennent de frapper plusieurs des braves soldats du 20ᵐᵉ et du 52ᵐᵉ *pour avoir eu des liaisons bien connues avec les ennemis du roi et de son gouvernement.*

Le sergent Hugray a été cassé de son grade, ainsi que le caporal Boutin, pour ce motif. Tous deux ont été le lendemain condamnés, avec deux simples soldats, à passer dans une compagnie de discipline.

Le jeune Meyrine, déjà cassé de son grade de caporal, comme suspect de républicanisme, a pris la route d'Alger, escorté par des gendarmes. Meyrine, dont le caractère énergique avait plus particulièrement fixé l'attention des chefs, est un de ces jeunes hommes dévoués à la cause populaire, qui n'ont pu voir de sang froid compromettre le drapeau français à Ancône et devant le lion de Waterloo, et qui le porteraient avec enthousiasme sur la frontière, comme nos pères le firent lors de la première révolution. Meyrine, en un mot, est un digne soldat de notre jeune et brave armée ; et son bras ne manquera pas à la patrie, quand la patrie le réclamera.

⸺⸺∙❊∙⸺⸺

Il faut qu'un gouvernement soit tombé bien bas, il faut qu'il soit bien anti-national, il faut que sa lâche apostasie soit bien reconnue pour qu'un journal ministériel ose

qualifier de parade la patriotique manifestation d'un lieutenant de la garnison qui vient de quitter Dijon.

Ce jeune officier, à la descente de sa dernière garde,
et, comme pour saluer notre cité d'un adieu, a fait
avant hier défiler ses hommes devant l'arbre de la
liberté; il leur a fait présenter les armes et mettre un
genou en terre. Cette scène calme, imposante et complè-
tement silencieuse, a fait une impression profonde sur la
foule qui couvrait la place et la cour dite du Logis-du-Roi.
Le *Spectateur* appelle cela une parade. C'est une digne et
noble protestation contre le gouvernement anti-français et
renégat qui pèse sur nous. Tous les cœurs étaient émus,
on se rappelait le passé; on pensait à l'avenir, on jetait
le voile sur notre triste présent.

Dijon. — Imprimerie de Noëllat fils, rue de la Liberté.